우리는 모두 소중해요

초판 1쇄 펴낸날 2008년 9월 30일
초판 8쇄 펴낸날 2020년 11월 5일

글 국제앰네스티 | **그림** 존 버닝햄, 니키 달리, 코키 폴, 제인 레이, 마리-루이즈 피츠패트릭,
얀 스파이비 길크리스트, 올레 쾨네케, 피에트 그로블레, 페르난두 빌렐라, 폴리 던바, 밥 그레이엄,
앨런 리, 홍성담, 프라네 레삭, 시빌레 하인, 마리-루이즈 게, 제시카 수하미, 데비 글리오리, 사토시 기타무라,
구스티, 캐서린과 로렌스 앤홀트, 질 라파포르, 재키 모리스, 브리타 그란스트룀,
니콜라스 앨런, 악셀 셰플러, 크리스 리델, 마샤 윌리엄스 | **표지 그림** 피터 시스 | **옮김** 김태희

펴낸이 유성권 | **편집장** 심윤희 | **편집** 송지현, 이미정
홍보·마케팅 김선우, 김민석, 박희준, 김민지, 김애정 | **관리·제작** 김성훈, 박혜민, 장재균 | **디자인** 황금박g
펴낸곳 (주)이퍼블릭 | **출판등록** 1970년 7월 28일(제1-170호) | **주소** 서울시 양천구 목동서로 211 범문빌딩
전화 02-2651-6121 | **팩스** 02-2651-6136 | **홈페이지** www.safaribook.co.kr | **카페** cafe.naver.com/safaribook
페이스북 www.facebook.com/safaribookskr | **블로그** blog.naver.com/safaribooks

We Are All Born Free copyright © Amnesty International UK Section 2008
The simplified text of the Universal Declaration of Human Rights in this book
is used by kind permission of Amnesty International UK Section
Illustrations copyright © the individual artists as named 2008
All rights reserved.
Korean translation copyright © 2008 by E*Public Korea(Safari)
Korean Edition was published by arrangement with Frances Lincoln Limited through PK Agency.
"We Are All Born Free", published by Frances Lincoln Children's Books, 4 Torriano Mews,
Torriano Avenue, London NW5 2RZ | www.franceslincoln.com

본 저작물의 한국어 판권은 PK Agency를 통해 Frances Lincoln Limited와의 독점 계약으로 (주)이퍼블릭에 있습니다.
한국 내에서 저작권법에 따라 보호를 받는 책이므로 무단 전재와 무단 복제를 금합니다.

ISBN 978-89-6224-113-6 (77840)

* 이 책에 실린 그림의 인세는 전액 국제앰네스티에 기부됩니다.
* 사파리는 (주)이퍼블릭의 유아·아동·청소년 출판 브랜드입니다.
* 36개월 이상의 어린이에게 적합한 도서입니다.
* 책값은 뒤표지에 있습니다. Printed in Korea

우리는 모두 소중해요

그림으로 보는 세계인권선언

국제앰네스티 공동 작업 Amnesty International

사람은 누구나 존중받을 권리를 갖고 태어납니다. 한국에서 태어났든, 미국에서 태어났든, 또 아프리카의 작은 마을에서 태어났든 우리 모두는 자유롭고 평등하게 생활할 권리를 가집니다. 하지만 오늘날 세계 곳곳에서 인권을 존중받지 못하고 억압받는 일들이 일어나고 있습니다. 어떤 아이는 평화롭게 생활하고 싶은 자신의 바람과는 달리 전쟁 중인 나라에서 태어나 총을 들고 무시무시한 싸움을 해야 합니다. 또 어떤 아이는 학교에 가서 공부하고 싶어도 힘들고 고된 일을 해야 하고, 친구들과 맘껏 놀며 우정을 쌓고 싶어도 공부하기만을 강요당하기도 하지요.

비록 이렇듯 서로 다른 다양한 상황에 놓여 있지만, 우리 모두에게는 언제 어디에서든지 기본적으로 보장되어야 하는 권리들이 있습니다. 국제연합(UN)에서 그 기본 권리들을 정리해 선포한 것이 바로 '세계인권선언문'입니다.

세계인권선언은 30개의 조항으로 이루어져 있으며, 이룰 수 없는 꿈이 아니라 반드시 지켜져야 하는 전 세계의 '약속'입니다. 그러나 60년 전에 전 세계 지도자들이 한 약속은 아직까지도 잘 지켜지지 않고 있습니다. 우리는 지구의 모든 사람들이 자유롭고 평등하게 살 권리를 누릴 수 있을 때까지 끊임없이 관심을 가지고 노력해야 합니다.

이 책은 모두가 존중받는 삶, 서로를 존중하는 삶을 향해 첫걸음을 떼는 여러분에게 작은 길잡이가 될 것입니다. 인권은 어렵거나 거창한 것이 아닙니다. 세계인권선언을 마음에 새기며 생활 속에서 작은 것부터 시작해 보아요. 나의 권리를 찾고 동시에 다른 사람의 권리와 자유가 지켜질 수 있도록 노력하면 우리 삶은 더욱 따뜻하고 풍요로워질 것입니다.

국제앰네스티 한국지부 사무국장 김희진

저는 가난과 굶주림에 시달리는 세계 각지의 어린이들을 돕기 위해 1980년대부터 유니세프 활동에 참여해 왔습니다. 국적과 인종, 이념, 종교에 상관없이 도움을 필요로 하는 어린이들을 위해 유니세프 친선 대사로 세계 여러 나라를 다니면서 봉사 활동을 했습니다. 그러나 이 세상에는 아직도 도움의 손길이 필요한 아이들이 많이 있습니다. 무엇보다 그 아이들은 최소한의 권리인 생명을 유지하는 것조차 위협받고 있습니다.

우리가 잊지 말아야 할 것은 그 어떤 어려운 환경에서 살아가는 어린이일지라도 우리와 똑같은 권리를 가진다는 사실입니다. 어린이들뿐만 아니라 이 세상 모든 사람에게는 인간으로서 기본적으로 누려야 할 권리가 있습니다. 누구나 자유롭고 평등하게 이 세상을 살아가며 생명을 유지하고 인간다운 삶을 살 수 있어야 합니다.

바로 이러한 권리를 담아 놓은 것이 세계인권선언문입니다. 인권이니 권리니 하는 말들은 어쩐지 어려워서 우리와는 거리가 먼 일이라고 생각하기 쉽습니다. 하지만 인간으로서 당연히 가져야 할 기본적 권리는 결코 우리와 먼 얘기가 아닙니다.

이 책은 자칫 딱딱하게 느껴질 수 있는 세계인권선언의 내용을 간결한 글과 쉬운 그림으로 표현했습니다. 이 책을 통해서 누구나 인권이 무엇인지 알 수 있고, 우리가 서로를 어떻게 대해야 하는지 생각해 볼 수 있습니다. 이 책을 읽는 모든 어린이들, 나아가 이 세상 모든 사람들이 세계인권선언을 지키기 위해 노력한다면 이 세상은 보다 나은 곳이 될 거라는 희망을 품어 봅니다. 저는 이 책이 우리 모두에게 가장 소중한 책이 될 것이라고 믿습니다.

영화배우, 유니세프 친선 대사 안성기

우리는 모두 자유롭고 평등하게 태어나요.

누구나 자기만의 생각과 사상을 갖고 있지요.

우리는 모두 차별을 받지 않아야 해요.

우리는 서로 다르지만

누구에게나 이런 권리들이 있어요.

아무도 우리를
다치게
하거나

모든 사람은 법에 의해

보호받을 권리가 있어요.

법은 모든 사람에게 평등해야 해요.
그리고 누구에게나 공정해야 해요.

누구나 공정하지 못한 대우를 받았을 때에는

법에 도움을 청할 수 있어요.

어느 누구도 마땅한 이유 없이

우리를 감옥에 집어넣거나 가둘 수 없어요.

또 다른 나라로 쫓아낼 수도 없어요.

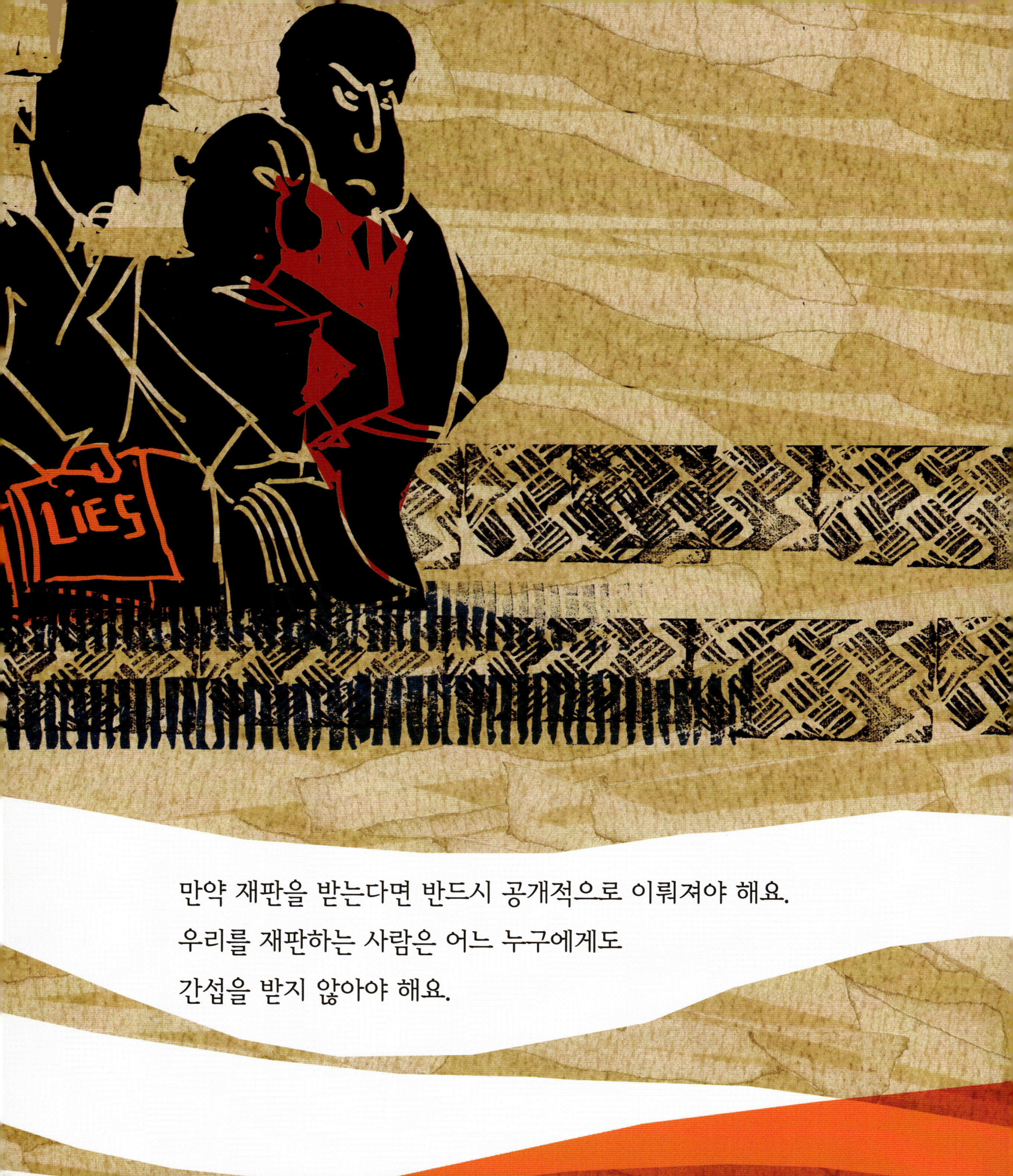

만약 재판을 받는다면 반드시 공개적으로 이뤄져야 해요.
우리를 재판하는 사람은 어느 누구에게도
간섭을 받지 않아야 해요.

어느 누구도 진실이 밝혀질 때까지는
우리를 비난할 수 없어요.
사람들이 우리한테 잘못된 일을 했다고 말할 때,
우리는 그것이 사실이 아니라는 것을 밝힐 권리가 있어요.

어느 누구도 우리의 명예를 해치려고 해서는 안 돼요.
또 마땅한 이유 없이 우리 집에 들어오거나
편지를 뜯어 보거나 우리와 우리 가족을 괴롭힐 수 없어요.

우리는 우리나라 안에서

어디든지 갈 수 있는 권리가 있어요.

또 가고 싶은 다른 나라를 여행할 권리도 있어요.

만약 우리나라에서 부당한 대우를 받을 위험에 놓이면,
우리는 안전을 위해 다른 나라로 떠날 권리가 있어요.

우리는 모두 국적을 가질 권리가 있어요.

어른이 되면 누구나 자신의 뜻에 따라
결혼을 하고 가족을 꾸릴 권리가 있어요.

결혼할 때나 이혼할 때
남자와 여자는 각각 똑같은 권리를 가져요.

우리에게는
자기 물건을 가지거나
그것을 다른 사람과
함께 나눌 권리가 있어요.
어느 누구도
마땅한 이유 없이
우리 물건을
빼앗을 수 없어요.

우리는 권리를 지키기 위해
평화적인 모임을 갖거나 단체를 만들 수 있어요.
우리가 원하지 않는다면 어느 누구도 우리를
강제로 단체에 들게 할 수 없어요.

우리는 누구나 자기 나라 정치에 참여할 수 있어요. 어른이 되면 누구나 자신들의 지도자를 뽑을 수 있지요.

어른이라면 누구나 직업을 가지고,
일에 대한 정당한 대가를 받고,
노동조합에 들 수 있는 권리를 지녀요.

누구에게나
일에서 벗어나 편안하게
쉴 권리가 있어요.

우리는 누구나 인간다운 삶을 누릴 권리가 있어요.
어머니와 아이들, 나이 든 사람,
일자리가 없는 사람, 장애가 있는 사람은
보호와 도움을 받을 권리가 있어요.

우리에게는 누구나 각자의 방식대로 살 권리가 있어요. 또 과학과 학문이 주는 혜택을 누릴 권리도 있어요.

세계인권선언 30조항 (국제앰네스티가 쉽게 풀어쓴 세계인권선언)

1 조항 우리는 모두 자유롭고 평등하게 태어나요. 누구나 자기만의 생각과 사상을 갖고 있지요.
우리는 모두 차별을 받지 않아야 해요.

2 조항 우리는 서로 다르지만 누구에게나 이런 권리들이 있어요.

3 조항 우리는 모두 생명을 존중받으며 자유롭고 안전하게 살 권리가 있어요.

4 조항 어느 누구도 우리를 노예로 삼을 수 없어요. 우리도 다른 사람을 노예로 만들 수 없어요.

5 조항 아무도 우리를 다치게 하거나 고문할 수 없어요.

6 조항 모든 사람은 법에 의해 보호받을 권리가 있어요.

7 조항 법은 모든 사람에게 평등해야 해요. 그리고 누구에게나 공정해야 해요.

8 조항 누구나 공정하지 못한 대우를 받았을 때에는 법에 도움을 청할 수 있어요.

9 조항 어느 누구도 마땅한 이유 없이 우리를 감옥에 집어넣거나 가둘 수 없어요.
또 다른 나라로 쫓아낼 수도 없어요.

10 조항 만약 재판을 받는다면 반드시 공개적으로 이뤄져야 해요.
우리를 재판하는 사람은 어느 누구에게도 간섭을 받지 않아야 해요.

11 조항 어느 누구도 진실이 밝혀질 때까지는 우리를 비난할 수 없어요.
사람들이 우리한테 잘못된 일을 했다고 말할 때, 우리는 그것이 사실이 아니라는 것을 밝힐 권리가 있어요.

12 조항 어느 누구도 우리의 명예를 해치려고 해서는 안 돼요. 또 마땅한 이유 없이 우리 집에 들어오거나
편지를 뜯어 보거나 우리와 우리 가족을 괴롭힐 수 없어요.

13 조항 우리는 우리나라 안에서 어디든지 갈 수 있는 권리가 있어요.
또 가고 싶은 다른 나라를 여행할 권리도 있어요.

14 조항 만약 우리나라에서 부당한 대우를 받을 위험에 놓이면, 우리는 안전을 위해 다른 나라로 떠날 권리가 있어요.

15 조항 우리는 모두 국적을 가질 권리가 있어요.

16 조항 어른이 되면 누구나 자신의 뜻에 따라 결혼을 하고 가족을 꾸릴 권리가 있어요.
결혼할 때나 이혼할 때 남자와 여자는 각각 똑같은 권리를 가져요.

17 조항	우리에게는 자기 물건을 가지거나 그것을 다른 사람과 함께 나눌 권리가 있어요. 어느 누구도 마땅한 이유 없이 우리 물건을 빼앗을 수 없어요.
18 조항	누구나 자기가 좋아하는 것을 믿고, 종교를 가질 권리가 있어요. 또 원한다면 종교를 바꿀 권리도 있어요.
19 조항	우리는 마음먹은 대로 결정하고, 무엇을 좋아하는지 생각하고, 생각한 것을 말하고, 우리 생각을 다른 사람과 나눌 권리가 있어요.
20 조항	우리는 권리를 지키기 위해 평화적인 모임을 갖거나 단체를 만들 수 있어요. 우리가 원하지 않는다면 어느 누구도 우리를 강제로 단체에 들게 할 수 없어요.
21 조항	우리는 누구나 자기 나라 정치에 참여할 수 있어요. 어른이 되면 누구나 자신들의 지도자를 뽑을 수 있지요.
22 조항	우리는 누구나 집과 먹고살 만한 돈을 가질 권리가 있어요. 또 아플 때 치료를 받을 권리도 있어요. 음악, 예술, 공예, 스포츠는 누구나 즐길 수 있어야 해요.
23 조항	어른이라면 누구나 직업을 가지고, 일어 대한 정당한 대가를 받고, 노동조합에 들 수 있는 권리를 지녀요.
24 조항	누구에게나 일에서 벗어나 편안하게 쉴 권리가 있어요.
25 조항	우리는 누구나 인간다운 삶을 누릴 권리가 있어요. 어머니와 아이들, 나이 든 사람, 일자리가 없는 사람, 장애가 있는 사람은 보호와 도움을 받을 권리가 있어요.
26 조항	우리는 모두 교육을 받을 권리와 돈을 내지 않고 초등학교에 다닐 권리를 가져요. 우리는 직업을 가질 수 있도록 교육을 받고, 익힌 기술을 모두 사용할 수 있어야 해요. 부모에게는 아이들이 무엇을 어떻게 배울지 선택할 권리가 있어요. 우리는 국제연합에 대해 배우고, 다른 사람들과 더불어 지내는 법과 다른 사람들의 권리를 존중하는 법을 배워야 해요.
27 조항	우리에게는 누구나 각자의 방식대로 살 권리가 있어요. 또 과학과 학문이 주는 혜택을 누릴 권리도 있어요.
28 조항	우리나라는 물론 세계 어디에서나 우리의 권리와 자유를 누리기 위해서는 사회적 규칙이 보장되어야 해요.
29 조항	우리에게는 다른 사람에 대한 의무가 있어요. 다른 사람의 권리와 자유를 보호해야 하지요.
30 조항	이러한 권리와 자유는 어느 누구도 우리한테서 빼앗을 수 없어요.

그림 작가들을 만나 볼까요?

1·2 조항 – 존 버닝햄은
첫 번째 책 《깃털 없는 거위, 보르카》로
'케이트 그린어웨이상'을 받고
세계적인 명성을 얻었습니다. 이후
《지각대장 존》《우리 할아버지》등의
작품으로 전 세계 어린이들의
사랑을 받고 있습니다.

3 조항 – 니키 달리는
남아프리카공화국 케이프타운에 사는
유명한 화가이자 그림책 작가입니다.
여러 상을 받으며 유명해졌고,
그의 조국에도 많은 영향을
끼쳤습니다.

4 조항 – 코키 폴은
짐바브웨에서 태어나 회화를 공부했습니다.
세계적으로 유명한 초상화 화가이며
그림에 대한 열정을 키우기 위해
여러 나라 대학을 다니며 배우고 있습니다.
지금은 영국 옥스퍼드에 살고 있습니다.

5 조항 – 제인 레이는
독자적인 색깔로 세계적인
명성을 얻은 그림책 작가입니다.
음악, 독서, 정원 가꾸기를 좋아합니다.
남편과 세 아이, 고양이 두 마리와 함께
런던 북부에 살고 있습니다.

6 조항 – 마리-루이즈 피츠패트릭은
'아일랜드 작가·화가상'을 받았고,
더블린에 살고 있습니다.
《어리석은 엄마, 아빠, 이지 그리고 스컹크》
《나도 호랑이라고요》 등의 책을
펴냈습니다.

7 조항 – 얀 스파이비 길크리스트는
'아프리카 출신 작가를 위한
세계 문학 명예의 전당'에 입당한 작가로
여러 상을 받았습니다.
지금은 미국에 살고 있습니다.

8 조항 – 올레 쾨네케는
스웨덴에서 성장한 독일 작가입니다.
독일 철학을 공부하면서
그림을 그리기 시작했습니다.
지금은 독일 함부르크에 삽니다.

9 조항 – 피에트 그로블레는
남아프리카공화국 림포포 지방의
농장에서 자랐고 현재 스텔렌보쉬에
살고 있습니다. 그의 작품은
전 세계에 출간되었습니다.

10 조항 – 페르난두 빌렐라는
여러 상을 받은 브라질 출신의
디자이너이자 작가, 화가, 예술가입니다.
상파울루에 살고 있는 작가는
《위대한 뱀–아마존 이야기》 등의 책을
펴냈습니다.

11 조항 – 폴리 던바는
아이들을 위해 여러 책에 글을 쓰고
그림을 그렸습니다. 《펭귄》은
'네슬레 어린이책상'에서 은메달을
받았습니다. 그림을 그리지 않을 때는
인형 만드는 것을 즐깁니다.

12 조항 – 밥 그레이험은
호주의 대표적 그림책 작가로
《로즈는 윈터 가르텐 아저씨, 버피를 만났어요》
《강아지를 구하자》와 그 후속작
《개들은 못 말려!》 등 여러 어린이책
작업을 했습니다. 《맥스》로
'네슬레 어린이책상'을 수상했고,
《꼬마 요정 제스로 비르드》로
'케이트 그린어웨이상'을 받았으며,
4회에 걸쳐 '올해의 호주 어린이책상'을
수상했습니다.

13 조항 - 앨런 리는
평생 동안 신화와 판타지에 깊은 관심을
가졌습니다. 여러 상을 받았고,
6년 동안 3부작 영화 〈반지의 제왕〉
디자인 작업을 했습니다.

14 조항 - 홍성담은
한국의 서양화가이자 판화가입니다.
정의와 민중에 대해 고민하며 미술을 통한
실천 운동과 미술 대중화 운동을 펴 왔습니다.
그림을 통해 폭력에 저항하는 일을
계속하고 있습니다.

15 조항 - 프라네 레삭은
호주 서부에 삽니다. 그녀는 글과 그림을
통해 아이들에게 영감을 주고,
아이들이 자신들의 독특한 문화를
배우길 바랍니다.

16 조항 - 시빌레 하인은
'오스트리아 아동도서상'을 세 번이나
받았습니다. 그림 작업을 하지 않을 때는
어린 아들 미카와 함께 베를린의
모래 놀이터에서 시간을 보냅니다.

17 조항 - 마리-루이즈 게는
60권이 넘는 어린이책에 그림을
그리거나 글을 썼습니다.
인형극 대본을 쓰고, 기획도 합니다.
지금은 캐나다 몬트리올에서 삽니다.

18 조항 - 제시카 수하미의
과감한 콜라주 그림은 그림자 인형극
작업에서 영향을 받은 것입니다.
그녀는 세계 곳곳의 이야기로
어린이책 작업을 합니다.

19 조항 - 데비 글리오리는
스코틀랜드에서 태어나고 자랐습니다.
1984년 작업을 시작한 이래 지금까지
60권이 넘는 그림책과 여섯 권의 소설을
펴냈습니다. 다섯 명의 아이가 있습니다.

20 조항 - 사토시 기타무라는
일본 도쿄에서 태어났습니다.
고전 그림책 『화가 난 아서』를
비롯해서 여러 작품으로 많은 상을
받은 그림책 작가입니다.
지금은 런던에 살고 있습니다.

21 조항 - 구스티는
아르헨티나에서 태어났고, 현재 스페인에
살고 있습니다. 세계적으로 유명한
예술가인 그는 남아메리카의 독수리와
아르헨티나의 콘도르 보호 활동에
전념하고 있습니다.

22 조항 - 캐서린과 로렌스 앤홀트는
100권이 넘는 어린이책 베스트셀러를
출간하였습니다. '네슬레 어린이책상'
2회 수상을 비롯해 많은 상을 받았습니다.
두 사람은 라임 레지스에 있는
'침팬지 바다 책방'의 주인으로,
영국에서 첫 번째로 서점을 가진
작가가 되었습니다.

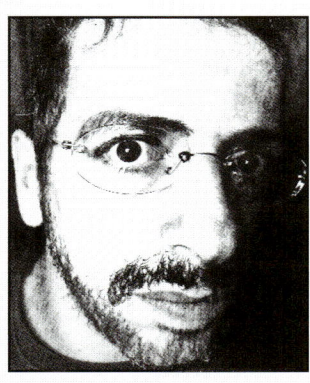

23 조항 - 질 라파포르는
프랑스 파리에 삽니다. 20권이 넘는
어린이책에 그림을 그렸습니다.
그는 작품을 통해서 아이들에게
몸과 마음의 자유가 중요하다는 것을
보여 주고자 합니다.

24 조항 - 재키 모리스는
여섯 살 때부터 예술가가 되고 싶었다고
합니다. 그녀의 책과 그림은
전 세계 팬들을 매료시켰습니다.
현재 웨일스 지방의 펨브룩셔 바닷가 근처
조그마한 집에서 살고 있습니다.

25 조항 - 브리타 그란스트룀은
스웨덴에서 자랐고 현재 영국의 버릭어폰트위드에서
남편과 함께 그림 작업을 하며 살고 있습니다.
남편 믹 매닝도 작가이자 화가입니다. 그녀는
'네슬레 어린이책상' 은메달과
'오펜하임 플래티넘상'을 비롯해서
여러 상을 받았습니다.

26 조항 - 니콜라스 앨런은
열네 살 때 첫 책을 펴냈습니다.
《여왕의 니커 바지》를 포함하여
그가 쓴 책들은 수많은 언어로
번역되었습니다. 그가 대본을 쓴
《언덕 위의 병원》은 'BAFTA
(영국 영화·텔레비전예술협회) 어워즈'를
수상한 TV 쇼이기도 합니다.

27 조항 - 악셀 셰플러는
독일 함부르크에서 태어났고
지금은 영국에 살고 있습니다.
그는 줄리아 도널드슨이 쓴
《그러팔로》에 그림을 그려서
세계적인 명성을 얻었습니다.

28 조항 - 크리스 리델은
화가이자 정치 만평가로 알려져 있습니다.
그의 작품은 재미있는 세부 묘사와
상상력으로 가득합니다. 대표작으로
'네슬레 어린이책상'에서 금메달을 받은
《오토린과 노란 고양이》가 있습니다.

29·30조항 - 마샤 윌리엄스는
아주 어릴 때부터 책을 좋아했고,
아직도 그 책들을 읽었을 때의
즐거운 기억을 갖고 있습니다.
현재 런던에 살고 있습니다. 그녀의
독특한 네 컷 만화식 그림 스타일은
전 세계에서 사랑받고 있습니다.

세계인권선언은 우리가 누구이며 어디에 살든지 간에 우리를 보호해 줍니다.

지구촌에 사는 아이들과 어른들은 모두 세계인권선언 조항의 권리를 가지고 있습니다.

우리는 모두 자유롭고 평등하게 태어났습니다. 우리의 권리는 우리를 인간답게 만들어 줍니다.

어느 누구도 우리에게서 이 권리들을 빼앗아 갈 수 없습니다.

이 권리는 1948년 12월 10일 국제연합(UN)에 의해 선포되었습니다.

이때 전 세계는 2차 세계 대전의 악몽을 다시는 되풀이하지 말자고 한 목소리를 냈습니다.

세계 모든 나라 정부는 자국의 국민들에게 이 권리를 알리고, 모두가 이 권리를

지키기 위해서 최선을 다할 것을 약속했습니다.

국제앰네스티는 세계 곳곳에서 우리의 인권을 보호하기 위해 일합니다.

www.amnesty.or.kr에 들어가면 국제앰네스티에 관한

보다 많은 정보를 얻을 수 있습니다.